E DE ESCUELA copyright © INTERMÓN 1999

Fotografías y texto copyright © Tomàs Abella
Traducción: Carmen Pérez-Babot
Diseño interior y portada: Romà Salvador
Ilustraciones: Romà Salvador y Ascensión Moreno
Coordinación de la producción: Elisa Sarsanedas

Primera edición 1999 por:INTERMÓN
Roger de Llúria, 15. 08010 Barcelona
Tel. 93 482 07 00 – Fax 93 482 07 07

ISBN: 84-89970-69-6
Depósito legal: B-32.786-99
Impreso en: La Estampa

Impreso en papel ecológico.

E DE ESCUELA

Tomàs Abella

FUNDACIÓN PARA EL TERCER MUNDO
Miembro de Oxfam Internacional

Nota del autor

A principios del año 1999 INTERMÓN me invitó a conocer alguno de sus proyectos en el Chad y Burkina Faso. Durante dos semanas recorrimos cientos de kilómetros a través de la sabana y el desierto del Sahel, al tiempo que compartíamos con nuestros amigos chadianos y burkinabeses sus inquietudes, esperanzas y proyectos de futuro. Mientras nos explicaban los programas de desarrollo que estaban impulsando en las zonas que visitamos, uno no dejaba de preguntarse cómo era posible la vida en condiciones tan adversas; no solo por el agobiante calor, la escasez de agua o la pobreza del suelo, sino también por una acusada sensación de soledad.

Una soledad que no les pertenecía a ellos, pues en los poblados y aldeas que vimos, la vida fluía con esa cadencia natural que determina el trabajo en el campo, aunque, eso sí, en condiciones extremas de subsistencia. Es la soledad que provoca el olvido y la exclusión de los otros, de nosotros, de los países ricos.

Burkina Faso

Chad

Tomàs Abella

¡**H**ola! Soy Fátima Hassane, tengo trece años y vivo en un país que se llama Chad. El Chad está en África. Aquí me ves en la escuela. Muchos niños y niñas africanos estudiamos, como tú y como yo. ¿Quieres saber cosas sobre nuestras escuelas? Entonces, vuelve la página.

Vamos a la escuela

Las clases empiezan a las 7.30 de la mañana. Para llegar puntuales, algunos niños tienen que madrugar, porque deben caminar hasta cinco kilómetros desde sus casas. Cada cual lleva una rama seca. Con toda la leña reunida se podrá cocinar el almuerzo.

*E*n nuestros países hace mucho calor: es fácil que la temperatura llegue a los 45 grados. Por esto tenemos que beber mucha agua; pero como en la escuela no hay, nos llevamos bidones que hemos llenado en los pozos del pueblo.

Nuestras escuelas

 **N**uestras escuelas están construidas con cañas o adobe, que es una mezcla de barro y paja. No tienen luz eléctrica. Suerte que nuestra tierra es muy soleada y podemos aprovechar la luz que entra por las ventanas.

Nuestros países son muy pobres y por eso no hay escuelas suficientes para todos. Pero muchos padres y madres saben lo importante que es aprender a leer y escribir. Y tratan de remediar el problema: la escuela que ves ha sido construída por los padres de estos niños. No les ha quedado mal, ¿verdad?

Pero no todos tienen la suerte de ir a la escuela. En mi pueblo, por ejemplo, seis de cada diez niños no van. Tienen que ayudar a sus padres en las tareas del campo, haciendo cosas muy necesarias, como espantar a los pájaros para que no se coman el grano.

LAS CLASES

*E*n los primeros años aprendemos a leer y escribir. En las mejores escuelas, primero se aprende en la lengua del poblado. Más tarde nos enseñan en francés.

*E*n la secundaria, se estudian matemáticas, geografía, historia y ciencias. También se aprenden la música y las danzas tradicionales. Nuestros bailes son muy alegres y rítmicos.

Después de haber explicado la lección, el profesor nos hace preguntas: es el momento de salir a la pizarra.

Este ejercicio es de matemáticas. Hay niños y niñas que están encantados con las matemáticas, pero a otros les cuesta cogerles el tranquillo. El profesor, les repasa los ejercicios.

APRENDEMOS A ESCRIBIR

Abibou, mi amiga, ha conseguido llegar a 5°. ¿Sabes?, aquí las chicas van menos a la escuela que los chicos, porque algunos piensan que las chicas nos deberíamos quedar en casa a cuidar de los hermanitos y ayudar a nuestras madres. Pero cada vez hay más personas que pensamos de otra manera: las tareas del hogar son responsabilidad de todos, tanto chicos como chicas. Y tú ¿qué opinas?

Para escribir usamos una pizarrita y tiza. Los bastoncitos nos sirven para aprender a contar. Los cuadernos y los lápices son muy caros y no siempre los podemos comprar.

APRENDEMOS A LEER

A veces, las lecciones son difíciles de verdad. Por eso tenemos que estar muy concentrados cuando estudiamos.

*T*odos nos esforzamos mucho en la escuela, porque pensamos que quien estudia, podrá tener una vida mejor que la de sus padres, que es muy dura. Estudiando, podemos aprender a cuidar bien nuestro ganado y conseguir cosechas más abundantes.

En nuestras escuelas, hay muy pocos libros. La asociación de padres nos los reparte el primer día de clase. Los libros se devuelven a final de curso para que puedan servir a otros alumnos. Así, los libros pasan de mano en mano a lo largo de los años. Los cuidamos como un tesoro.

Es la hora de la verdad: el profesor recoge
los exámenes.

El recreo

Salir al recreo, es uno de los
momentos más esperados del día:
charlamos, jugamos y bailamos.
Qué bien lo pasamos.

*L*a pelota de Raphael está bastante vieja, la pobre.
No hay dinero para comprar otra nueva, pero eso no
es problema. Se harán otra con trapos y cuerdas.

LA COMIDA

Ya te he comentado que muchas casas están lejos. Por eso nos quedamos a comer en la escuela, a mediodía. La asociación de padres nos proporciona la comida.

Sheila, la cocinera, nos prepara la comida. Cada día comemos la *boule*, una pasta de harina de mijo hervida. Es muy alimenticia y está buenísima.

A Raphael le prestaron una oveja a principios de curso. Él la engorda y la cuida. Cuando lleguen las vacaciones, la venderá. Con una parte del dinero comprará una ovejita que devolverá a la escuela para que la cuide otro niño. Con el resto podrá pagarse las libretas y los lápices del curso que viene.

Después de comer, siguen las clases prácticas en el campo. Aprendemos a criar animales, a plantar un huerto, albañilería, carpintería y muchas cosas más.

LOS TALLERES

 **É**sta es mi casa. Y éstas son mis cabritas. Soy la responsable de cuidarlas todo el año.

La escuela de los padres

Muchos de nuestros padres y madres no pudieron ir a la escuela cuando eran pequeños. Pero cuando viajan para vender la cosecha o los animales en el mercado, se dan cuenta de lo necesario que es saber leer y escribir. Eso los anima a ir a la escuela de adultos.

 Hasta hace unos años, cuando alguien de mi pueblo recibía una carta, tenía que recorrer diecisiete kilómetros hasta el pueblo vecino para que alguien se la leyera. Ahora, cualquiera de nosotros puede leerlas.

Si sabes leer no se te olvidan las cosas, porque si lo tienes todo escrito, siempre lo puedes volver a mirar.